Carl Czerny

O Primeiro Mestre de Piano

Op. 599

CEM ESTUDOS DIÁRIOS

PARA PIANO

REVISÃO

MOURA LACERDA

Nº Cat.: 233-M

Irmãos Vitale Editores Ltda.
vitale.com.br
Rua Raposo Tavares, 85 São Paulo SP
CEP: 04704-110 editora@vitale.com.br Tel.: 11 5081-9499

CIP-BRASIL. CATALOGAÇÃO NA FONTE
SINDICATO NACIONAL DOS EDITORES DE LIVROS - RJ.

C999p

Czerny, Carl, 1791-1857
O primeiro mestre de piano : cem estudos diários para piano / Carl Czerny ; revisão Moura Lacerda.
São Paulo : Irmãos Vitale, 2010.
52p. : música

ISBN: 978-85-7407-302-6

1. Piano - Instrução e estudo.
2. Partituras.
I. Lacerda, Armando Galvão de Moura.
II. Título.

10-4646. CDD: 786.2
CDU: 780.616.432

15.09.10 24.09.10 021616

O primeiro mestre de piano

Cem estudos diários

Op. 599

Revisão de MOURA LACERDA
Dedicada à Sofía Sodré

PRIMEIRAS LIÇÕES
Para o conhecimento das cinco notas.

C. CZERNY
(1791-1857)

3.
4.
5.

6.
7.
8.
9.
10.

EXERCÍCIOS
para os cincos dedos.

14.
15.

16.
17.

18.
um pouco destacado
sust.
sust.
sust.
um pouco destacado
sust.

EXERCÍCIOS

Na extensão de uma oitava e somente sobre as teclas brancas.

21.
22.
23.

24.
25.
26.

EXERCÍCIOS

excedendo a extensão de uma oitava e sempre sobre as teclas brancas.

30.
p dolce
mf
p
mf
31.
p
mf
mf
p
f

EXERCÍCIOS
nas claves de Sol e Fá.

34.
35.
EXERCÍCIOS
com sinais de alteração.
36.

37.
p
f
p
cresc.
dim.
38.
dolce
mf
p
mf

EXERCÍCIOS
nos tons de Sol maior e Fá maior.

f
p
Fá Maior
42.
p dolce
p
cresc.
p
EXERCÍCIOS
com pausas e outros sinais.
Allegro moderato
43.
f
p
f

44.
Allegro
p bem destacado
mf
p
cresc.
8
f
45.
Allegretto
p
cresc.
mf

Allegretto
46.
p
f
cresc.

Allegro
47.
dolce
cresc.
mf
Allegretto
48.
p
mf
Fim
f
D.C.
Allegro
49.
f
sf
8
p

8
Allegro
50.
Allegro
51.

Andante
52.
dolce
p
Allegro vivace
53.
p
Fim
p
D.C.
Moderato
54.
dolce
f
p
mf

Allegretto
55.
p
cresc.
mf
p
mf
p
cresc.
f
Allegro
56.
p
p
mf
Fim
f
f
mf
dim.
D.C.

Allegro
57.
p staccato
mf
mf
p
cresc.
EXERCÍCIOS
para se obter agilidade.
Allegretto
58.
f
f
Allegretto
59
f

Allegro
legato sempre
60.
f
p
cresc.
f

61.
Allegro
62.
Vivace

f
cresc.
mf
Allegro
63.
p
mf
f
dim.
p

Allegretto scherzando
64.
pp
cresc.
p dolce
p
cresc.
f
Allegro
65.
legato

cresc.
f
f
Allegro vivace
66.
p
cresc.
mf
Fim
mf
cresc.
dim.
D.C. ao Fim

Allegro
67.
p
cresc.
Allegretto
68.
p
cresc.
f

Allegretto
69.

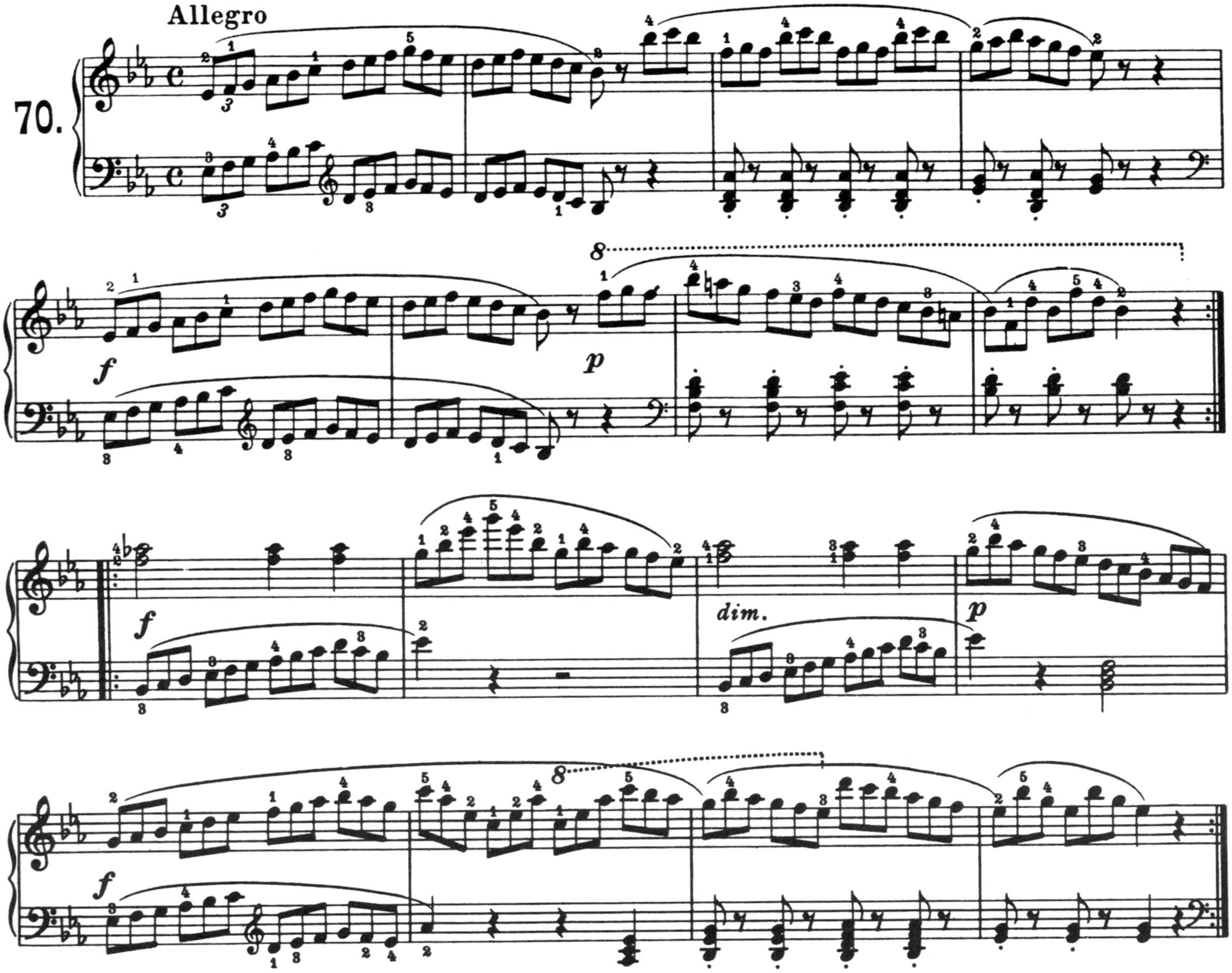
Allegro
70.
f
p
f
dim.
p
f

EXERCÍCIOS MELÓDICOS

com e sem ornamentos.

Andante
71.
p cantabile

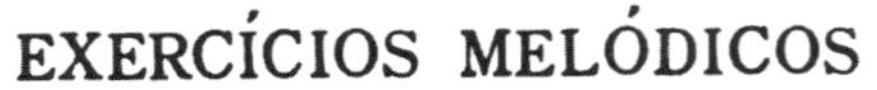

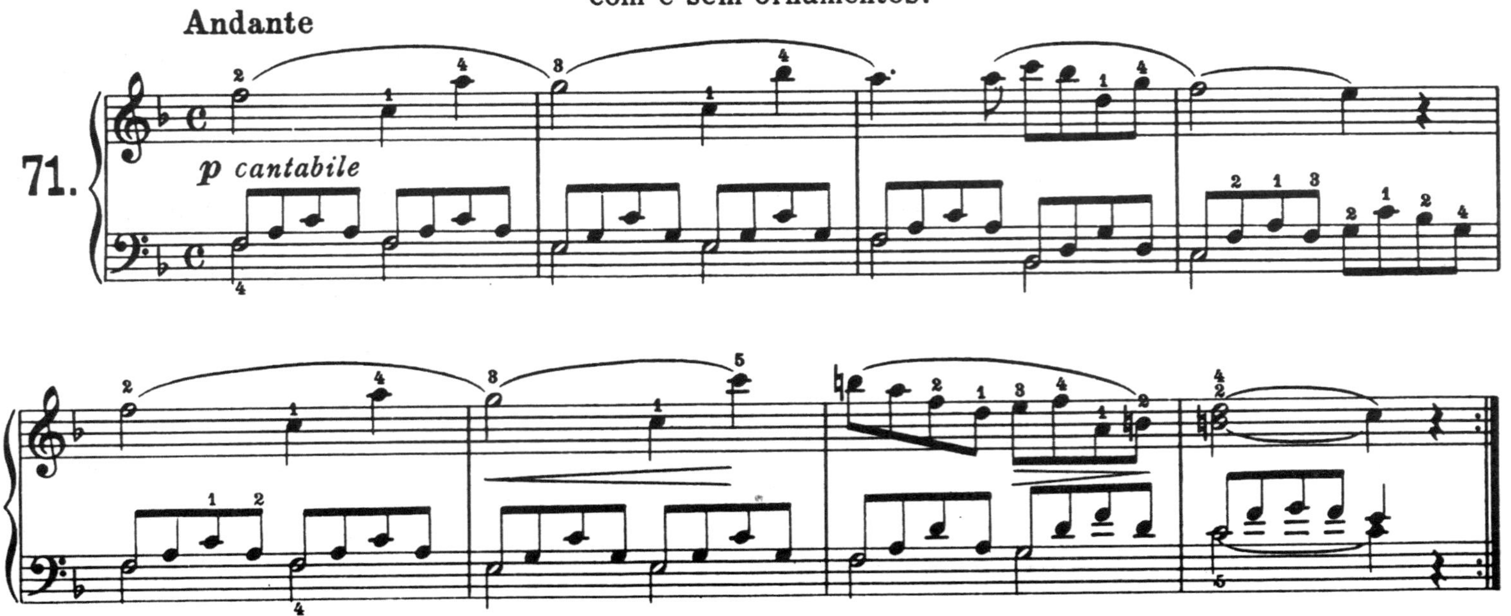

Allegretto
72.
dolce
mf
p

Andantino
73.
p
cresc.
dim.
Andantino
74.
tr
cresc.
f

Moderato
75.
p
mf
p
f
tr
p
pp delicadamente
8
Allegretto
76.
p
f
p

Andantino
77.
dolce
mf
p
Moderato
78.
p legato
p
cresc.
f
p
Allegretto
79
p

Allegretto
80.
cresc.
cresc.

EXERCÍCIOS

contendo apojaturas breves e ornamentos diversos.

p
cresc.
p
Allegro
83.
p
f
f
p
cresc.
p

Allegro
84.
Allegro
85.
cresc.

p
cresc.
f
EXERCÍCIOS
para o cruzamento das mãos.
Moderato
86.
p dolce
p
cresc.
f

87.
Allegretto
p dolce
cresc.
mf
p
cresc.
mf
f
88.
Allegretto
p
cresc.
mf

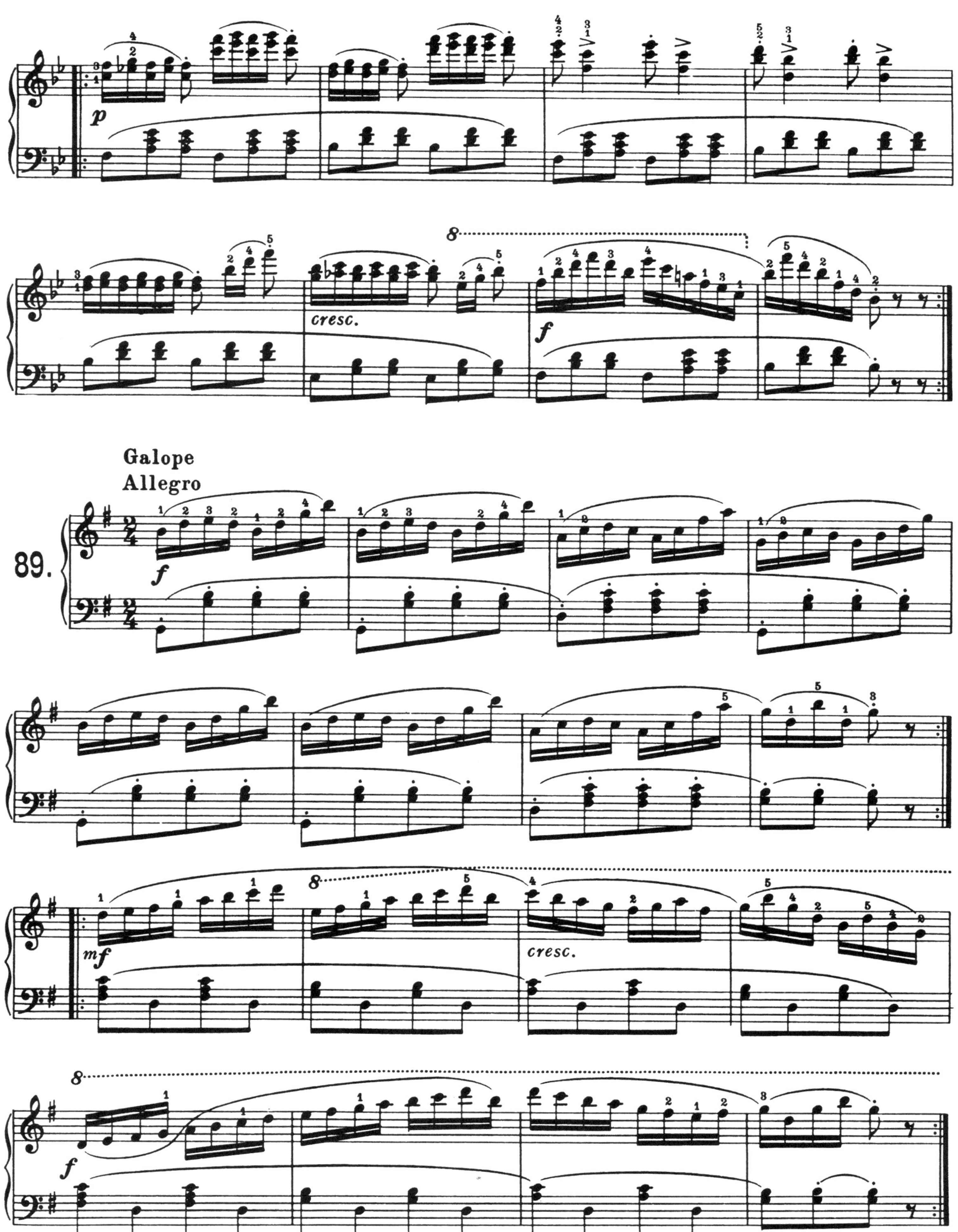
Galope
Allegro
89.
cresc.
cresc.

Galope
Allegro
90.
f
p
sf
Allegro
91.
p leg.
cresc.
mf
f
p

Allegro
92.
f
f
Allegro
93.
p
cresc.
f
p
cresc.
f

Allegro
94.
p
cresc.
f
Allegro à la Valse
95.
p
cresc.
p
cresc.
mf

Allegro
96.
p
mf
p
p
cresc.
f
Allegretto
97.
f
sf
sf
p
f

98.

Allegretto
99.
Allegro
100.